Impressum
Verlag: BABADADA GmbH, Nedderfeld 112 , 22529 Hamburg
Geschäftsführer / Verlagsleitung: Harald Hof
Druck: Books on Demand GmbH, In de Tarpen 42, 22848 Norderstedt

Imprint
Publisher: BABADADA GmbH, Nedderfeld 112 , 22529 Hamburg, Germany
Managing Director / Publishing direction: Harald Hof
Print: Books on Demand GmbH, In de Tarpen 42, 22848 Norderstedt

skola

school

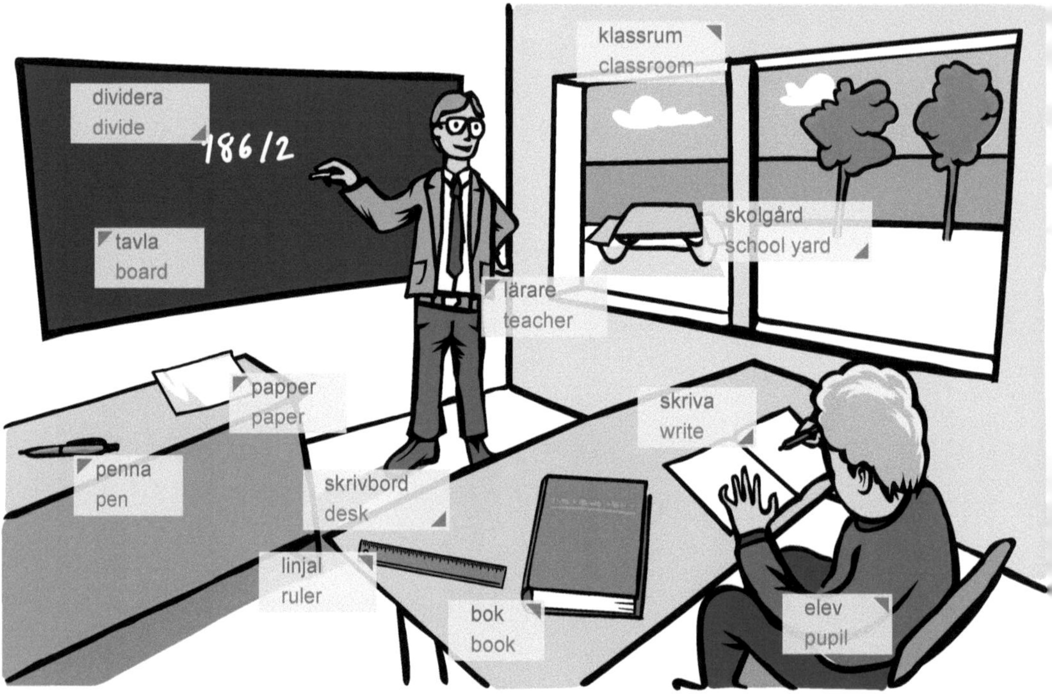
klassrum
classroom
dividera
divide
186/2
tavla
board
skolgård
school yard
lärare
teacher
papper
paper
skriva
write
penna
pen
skrivbord
desk
linjal
ruler
bok
book
elev
pupil

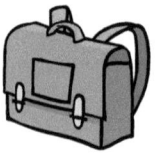

skolväska

satchel

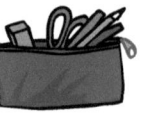

pennfodral

pencil case

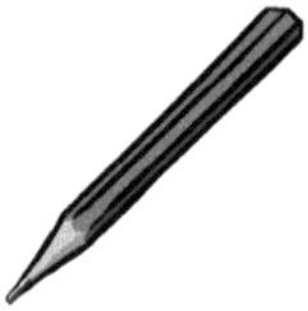

blyertspenna

pencil

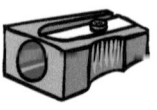

pennvässare

pencil sharpener

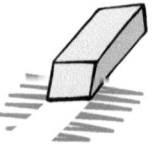

suddgummi

rubber

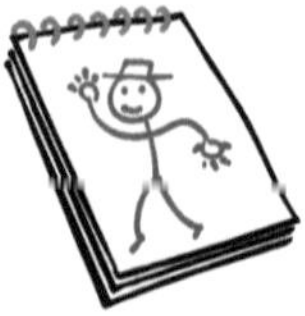

ritblock

drawing pad

teckning

drawing

pensel

paintbrush

målarlåda

paint box

sax

scissors

lim

glue

övningsbok

exercise book

hemläxa

homework

12

tal

number

2+2

addera

add

5-2

subtrahera

subtract

2×2

multiplicera

multiply

räkna

calculate

A

bokstav

letter

ABCDEFG HIJKLMN OPQRSTU VWXYZ

alfabet

alphabet

hello

ord

word

text

text

läsa

read

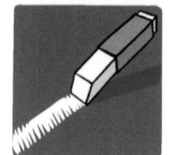

krita

chalk

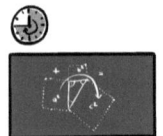

lektion

lesson

register

register

prov

examination

intyg

certificate

skoluniform

school uniform

utbildning

education

uppslagsverk

encyclopedia

universitet

university

mikroskop

microscope

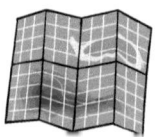

karta

map

papperskorg

waste-paper basket

resa
travel

hotell
hotel
Grand
vandrarhem
hostel
ROOMS
EXCHANGE
växelkontor
currency exchange office
resväska
suitcase
bil
car

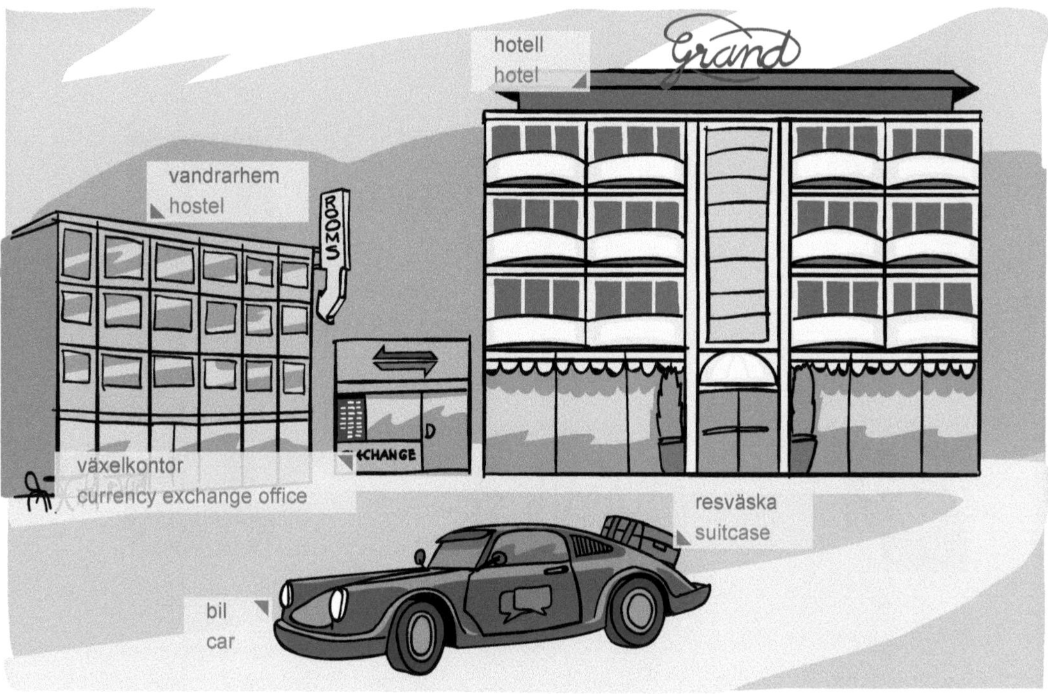

språk

language

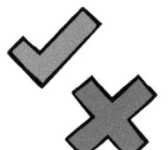

ja / nej

yes / no

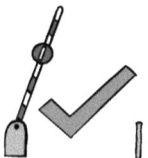

Okay

Okay

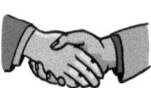

hej

hello

översättare

translator

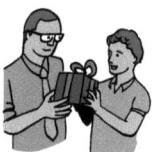

Tack

Thank you

hur mycket kostar...?

how much is...?

jag förstår inte

I don´t get it

problem

problem

God kväll!

Good evening!

God morgon!

Good morning!

God natt!

Good night!

hejdå

goodbye

riktning

direction

bagage

luggage

väska

bag

ryggsäck

backpack

gäst

guest

rum

room

sovsäck

sleeping bag

tält

tent

turistinformation
tourist information

strand
beach

kreditkort
credit card

frukost
breakfast

lunch
lunch

middag
dinner

biljett
Ticket

hiss
elevator

frimärke
stamp

gräns
border

tull
customs

ambassad
embassy

visum
visa

pass
passport

transport

transport

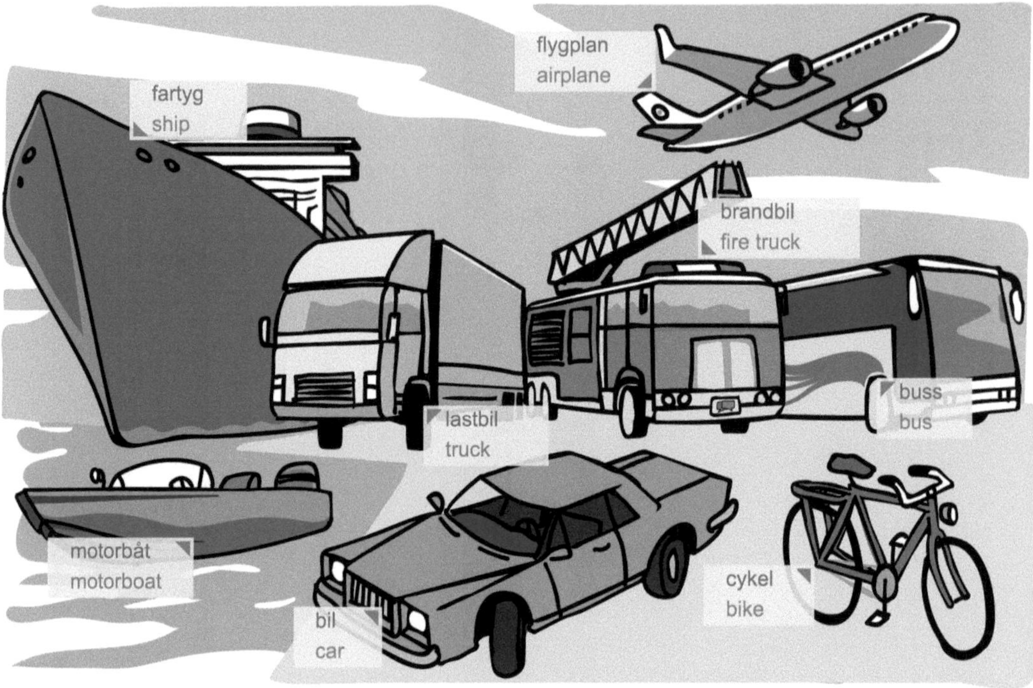
flygplan
airplane
fartyg
ship
brandbil
fire truck
buss
bus
lastbil
truck
motorbåt
motorboat
cykel
bike
bil
car

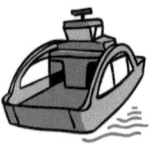

färja

ferry

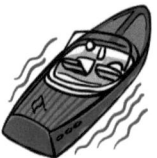

båt

boat

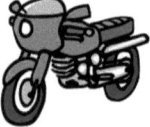

motorcykel

motorbike

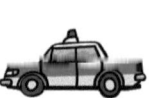

polisbil

police car

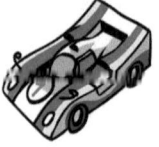

racerbil

racing car

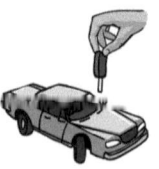

hyrbil

rental car

bilpool

car sharing

bärgningsbil

tow truck

sopbil

garbage truck

motor

engine

bränsle

fuel

bensinstation

fuel station

vägmärke

traffic sign

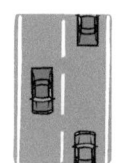

trafik

traffic

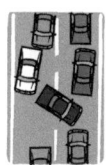

bilkö

traffic jam

parkeringsplats

parking lot

tågstation

train station

räls

tracks

tåg

train

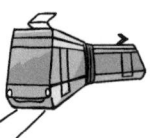

spårvagn

tram

vagn

wagon

helikopter

helicopter

flygplats

airport

torn

tower

passagerare

passenger

container

container

kartong

carton

vagn

cart

korg

basket

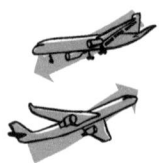

starta / landa

take off / land

stad

city

by

village

centrum

city center

hus

house

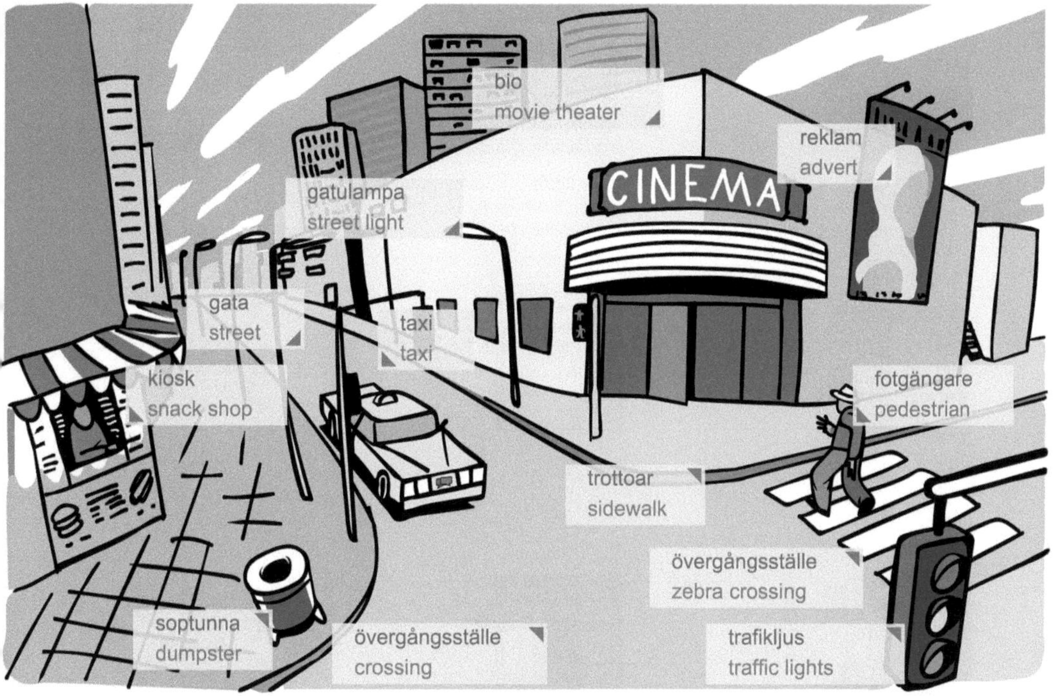

bio
movie theater

reklam
advert

gatulampa
street light

gata
street

taxi
taxi

CINEMA

kiosk
snack shop

fotgängare
pedestrian

trottoar
sidewalk

övergångsställe
zebra crossing

soptunna
dumpster

övergångsställe
crossing

trafikljus
traffic lights

stuga
hut

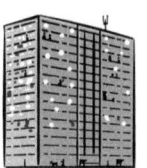

lägenhet
apartment

tågstation
train station

stadshus
city hall

museum
museum

skola
school

stad - city

universitet

university

bank

bank

sjukhus

hospital

hotell

hotel

apotek

pharmacy

kontor

office

bokhandel

book shop

affär

shop

blomsterbutik

flower shop

stormarknad

supermarket

marknad

market

varuhus

department store

fiskhandlare

fishmonger's shop

köpcentrum

mall

hamn

harbor

park

park

bänk

bench

brygga

bridge

trappa

stairs

tunnelbana

subway

tunnel

tunnel

busshållplats

bus stop

bar

bar

restaurang

restaurant

brevlåda

postbox

gatuskylt

street sign

parkeringsautomat

parking meter

zoo

zoo

simbassäng

swimming pool

moské

mosque

bondgård
farm

förorening
pollution

kyrkogård
cemetery

kyrka
church

lekplats
playground

tempel
temple

landskap
landscape

löv
leaf

vägskylt
signpost

väg
path

äng
meadow

sten
stone

liftare
hiker

träd
tree

flod
river

gräs
grass

blomma
flower

dal

valley

kulle

hill

sjö

lake

skog

forest

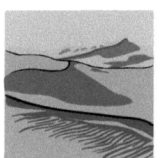

öken

desert

vulkan

volcano

slott

castle

regnbåge

rainbow

svamp

mushroom

palm

palm tree

mygga

mosquito

fluga

fly

myra

ant

bi

bee

spindel

spider

skalbagge

beetle

groda

frog

ekorre

squirrel

igelkott

hedgehog

hare

hare

uggla

owl

fågel

bird

svan

swan

vildsvin

boar

rådjur

deer

älg

moose

damm

dam

vindkraftverk

wind turbine

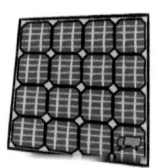

solcellspanel

solar panel

klimat

climate

servitör
waiter

meny
menu

stol
chair

soppa
soup

pizza
pizza

bestick
cutlery

bordsduk
tablecloth

förrätt
starter

huvudrätt
main course

dessert
dessert

drycker
drinks

mat
food

flaska
bottle

snabbmat

fast food

street food

street food

tekanna

teapot

sockerskål

sugar bowl

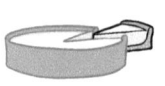

portion

portion

espressomaskin

espresso machine

barnstol

high chair

räkning

bill

bricka

tray

kniv

knife

gaffel

fork

sked

spoon

tesked

teaspoon

servett

serviette

glas

glass

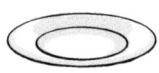

tallrik

plate

sopptallrik

soup plate

tefat

saucer

sås

sauce

saltkar

salt shaker

pepparkvarn

pepper mill

vinäger

vinegar

olja

oil

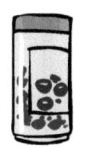

kryddor

spices

ketchup

ketchup

senap

mustard

majonnäs

mayonnaise

stormarknad
supermarket

specialerbjudande
special offer
FÖR
kund
customer
mejeriprodukter
dairy products
frukt
fruit
varukorg
shopping cart

BUTCHERS

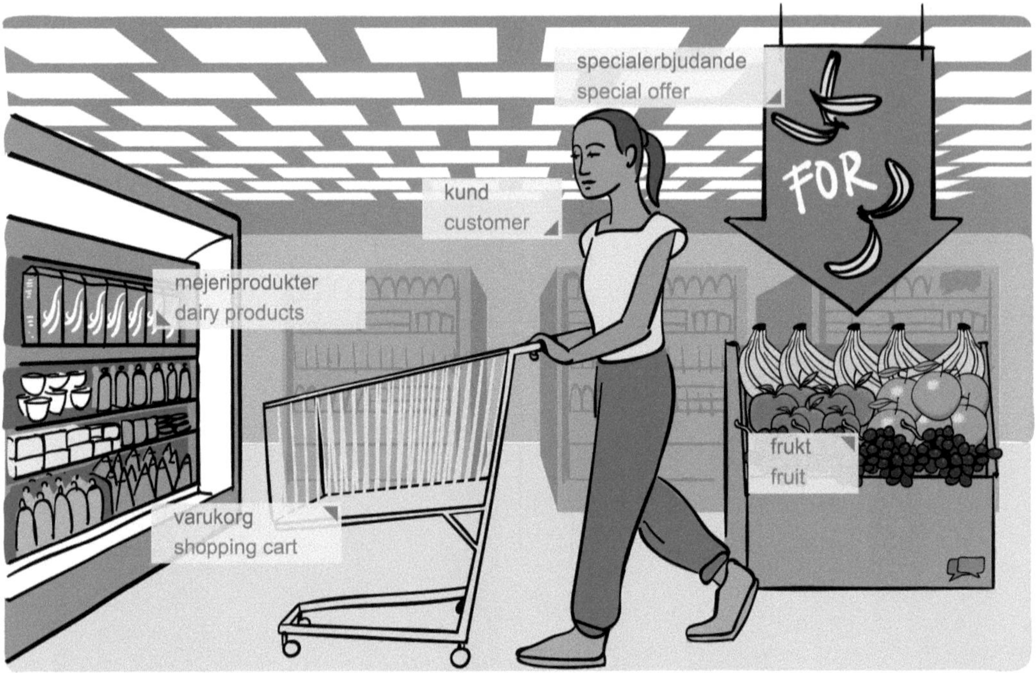

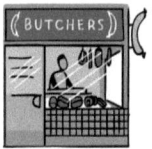

charkuteri

butcher's shop

BAKERY

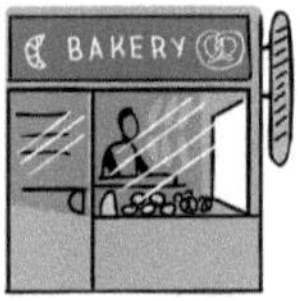

bageri

bakery

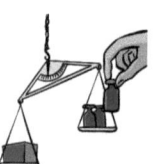

väga

weigh

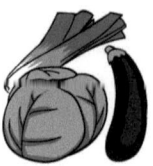

grönsaker

vegetables

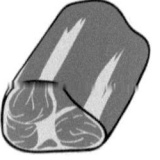

kött

meat

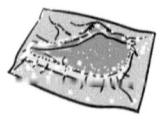

frysta livsmedel

frozen food

pålägg
cold cuts

konserver
canned food

tvättmedel
detergent

godis
candy

hushållsprodukter
household products

rengöringsmedel
cleaning products

försäljare
sales representative

kassa
cash register

kassör
cashier

inköpslista
shopping list

öppettider
opening hours

plånbok
wallet

kreditkort
credit card

väska
bag

plastpåse
plastic bag

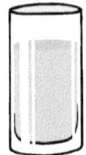

vatten

water

juice

juice

mjölk

milk

cola

coke

vin

wine

öl

beer

alkohol

alcohol

kakao

cocoa

te

tea

kaffe

coffee

espresso

espresso

cappuccino

cappuccino

banan
banana

äpple
apple

apelsin
orange

melon
melon

citron
lemon

morot
carrot

vitlök
garlic

bambu
bamboo

lök
onion

svamp
mushroom

nötter
nuts

nudlar
noodles

spaghetti

spaghetti

ris

rice

sallad

salad

pommes frites

fries

stekt potatis

fried potatoes

pizza

pizza

hamburgare

hamburger

smörgås

sandwich

schnitzel

escalope

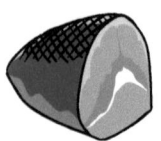

skinka

ham

salami

salami

korv

sausage

kyckling

chicken

stek

roast

fisk

fish

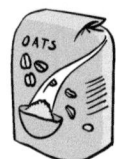

havregryn

porridge oats

müsli

muesli

cornflakes

cornflakes

mjöl

flour

croissant

croissant

fralla

bread roll

bröd

bread

rostat bröd

toast

kex

cookies

smör

butter

kvarg

curd

kaka

cake

ägg

egg

stekt ägg

fried egg

ost

cheese

glass

ice cream

socker

sugar

honung

honey

sylt

jelly

nougatkräm

nougat cream

curry

curry

bondgård
farm

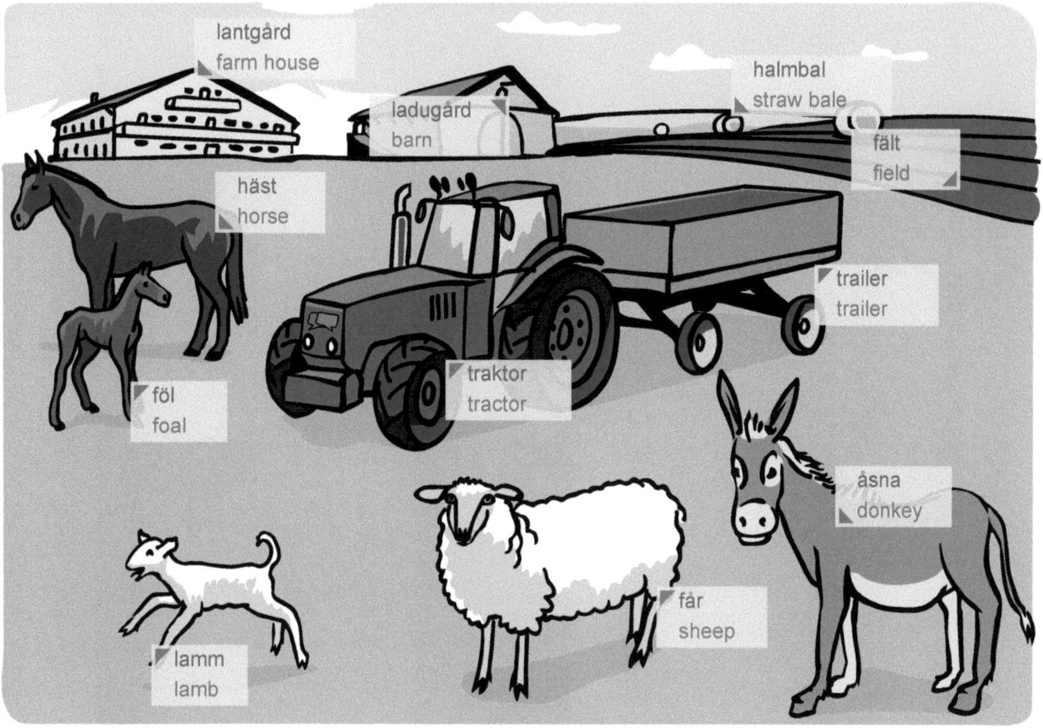

lantgård
farm house
ladugård
barn
halmbal
straw bale
fält
field
häst
horse
trailer
trailer
traktor
tractor
föl
foal
åsna
donkey
får
sheep
lamm
lamb

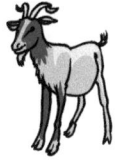

get

goat

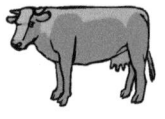

ko

cow

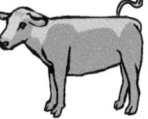

kalv

calf

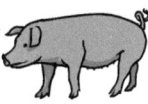

gris

pig

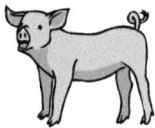

griskulting

piglet

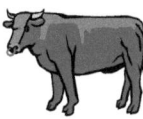

tjur

bull

gås
goose

anka
duck

kyckling
chick

höna
hen

tupp
cockerel

råtta
rat

katt
cat

mus
mouse

oxe
ox

hund
dog

hundkoja
dog house

trädgårdsslang
garden hose

vattenkanna
watering can

lie
scythe

plog
plow

skära

sickle

hacka

hoe

högaffel

pitchfork

yxa

axe

skottkärra

pushcart

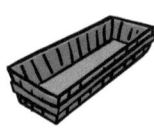

tråg

trough

mjölkflaska

milk can

säck

sack

staket

fence

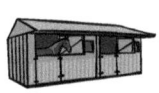

stall

stable

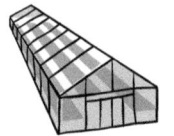

växthus

greenhouse

jord

soil

säd

seed

gödsel

fertilizer

skördetröska

combine harvester

skörda

harvest

skörd

harvest

jams

yams

vete

wheat

soja

soya

potatis

potato

majs

corn

raps

rapeseed

fruktträd

fruit tree

maniok

manioc

spannmål

grain

hus

house

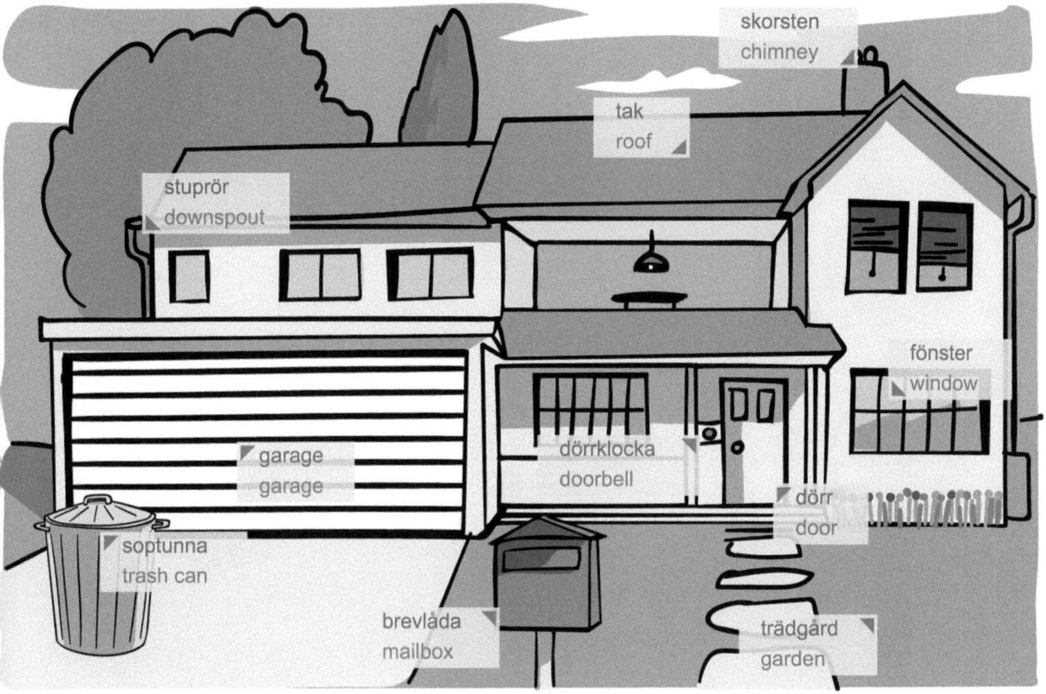
skorsten
chimney
tak
roof
stuprör
downspout
fönster
window
garage
garage
dörrklocka
doorbell
dörr
door
soptunna
trash can
brevlåda
mailbox
trädgård
garden

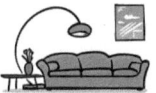

vardagsrum

living room

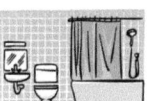

badrum

bathroom

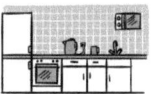

kök

kitchen

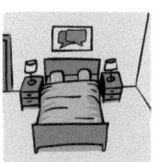

sovrum

bedroom

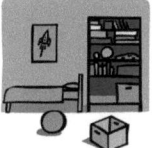

barnrum

kids room

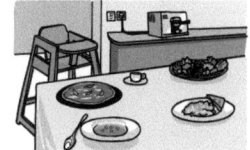

matsal

dining room

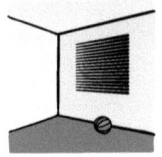

golv

floor

vägg

wall

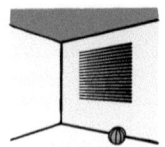

tak

ceiling

källare

cellar

bastu

sauna

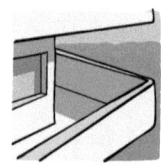

balkong

balcony

terrass

terrace

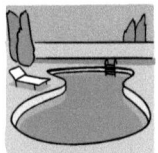

bassäng

pool

gräsklippare

lawn mower

lakan

sheet

överkast

bedspread

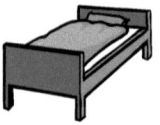

säng

bed

kvast

broom

hink

bucket

strömbrytare

switch

vardagsrum

living room

tapet
wallpaper
bild
picture
lampa
lamp
hylla
shelf
skåp
cabinet
TV
television
eldstad
fireplace
blomma
flower
kudde
cushion
soffa
sofa
vas
vase
fjärrkontroll
remote control

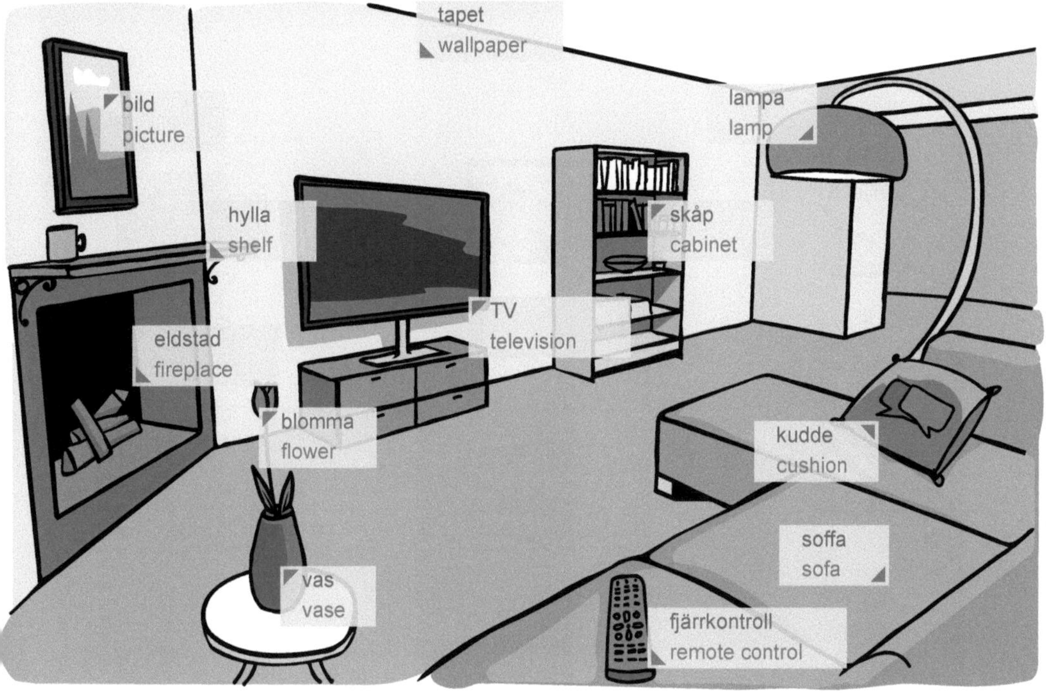

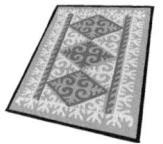

matta

carpet

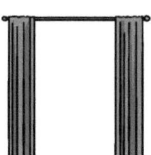

gardin

drape

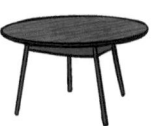

bord

table

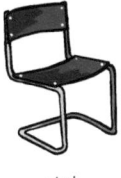

stol

chair

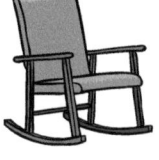

gungstol

rocking chair

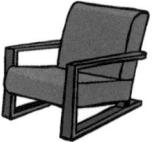

fåtölj

armchair

bok

book

filt

blanket

dekoration

decoration

vedträ

firewood

film

film

stereoanläggning

stereo system

nyckel

key

dagstidning

newspaper

målning

painting

poster

poster

radio

radio

anteckningsbok

notebook

dammsugare

vacuum cleaner

kaktus

cactus

stearinljus

candle

kök
kitchen

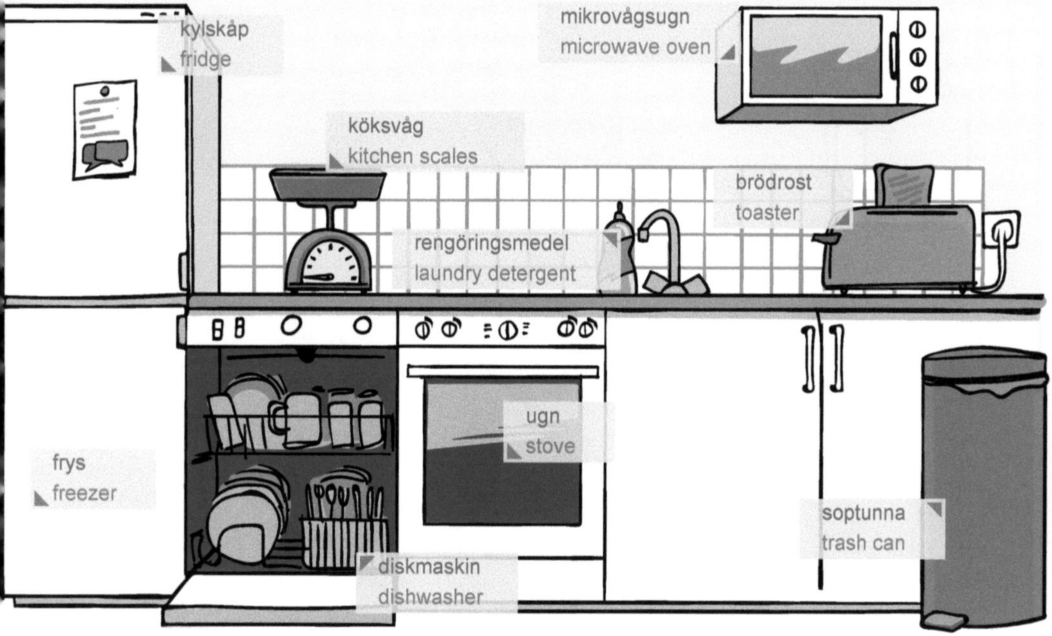
kylskåp
fridge
mikrovågsugn
microwave oven
köksvåg
kitchen scales
brödrost
toaster
rengöringsmedel
laundry detergent
ugn
stove
frys
freezer
soptunna
trash can
diskmaskin
dishwasher

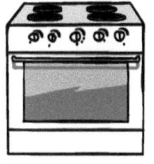

spis
cooker

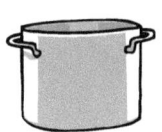

kastrull
pot

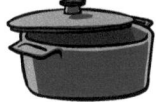

järngryta
cast-iron pot

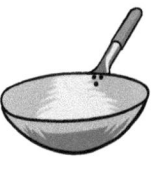

wok / kadai
wok / kadai

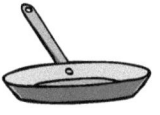

stekpanna
pan

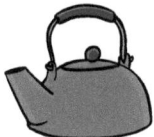

vattenkokare
kettle

ångkokare

steamer

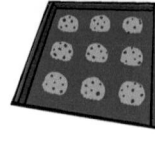

bakplåt

baking tray

porslin

crockery

mugg

mug

skål

bowl

ätpinnar

chopsticks

soppslev

ladle

stekspade

spatula

visp

whisk

durkslag

strainer

sil

sieve

rivjärn

grater

mortel

mortar

grill

barbecue

brasa

fireplace

skärbräda

chopping board

kavel

rolling pin

korkskruv

corkscrew

burk

can

burköppnare

can opener

grytlapp

oven cloth

vask

sink

borste

brush

svamp

sponge

mixer

blender

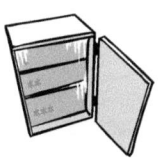

frys

deep freezer

nappflaska

baby bottle

kran

tap

badrum

bathroom

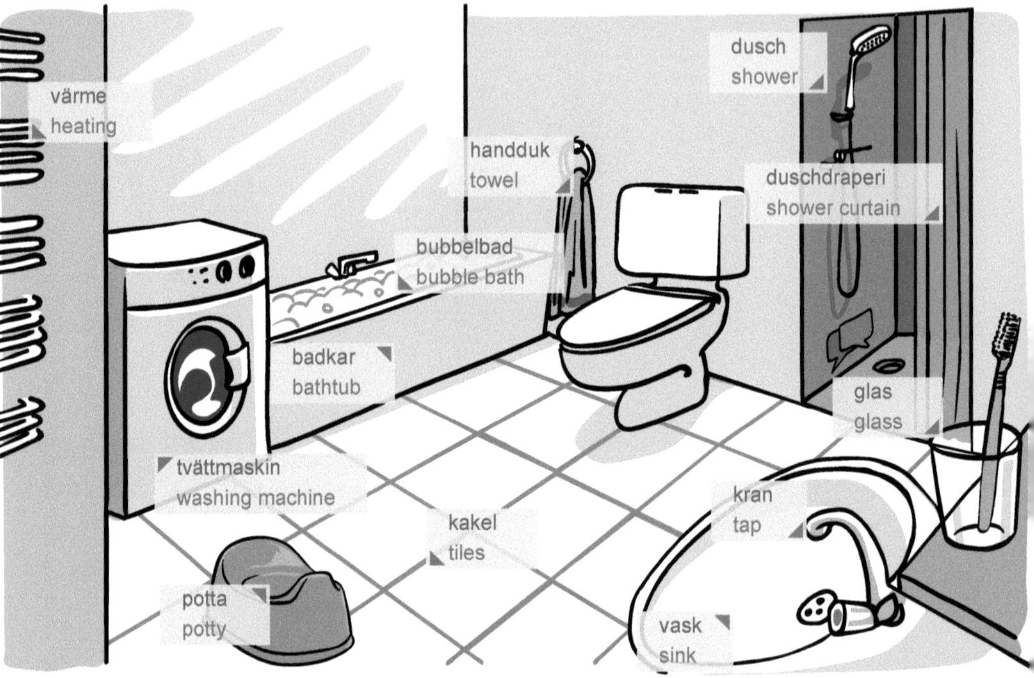

värme
heating
handduk
towel
dusch
shower
duschdraperi
shower curtain
bubbelbad
bubble bath
badkar
bathtub
glas
glass
tvättmaskin
washing machine
kran
tap
kakel
tiles
potta
potty
vask
sink

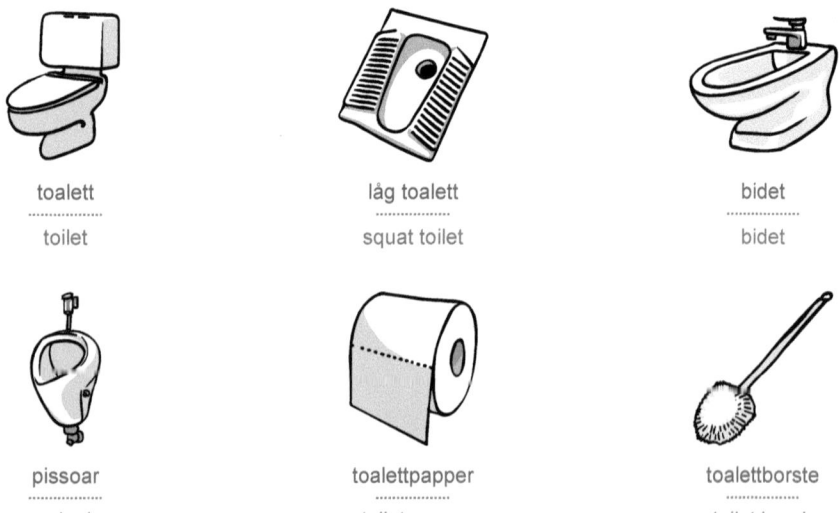

toalett

toilet

låg toalett

squat toilet

bidet

bidet

pissoar

urinal

toalettpapper

toilet paper

toalettborste

toilet brush

tandborste

toothbrush

tandkräm

toothpaste

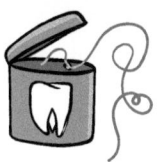

tandtråd

dental floss

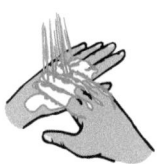

tvätta

wash

handdusch

hand shower

intimdusch

douche

handfat

basin

ryggborste

back brush

tvål

soap

duschgel

shower gel

schampo

shampoo

trasa

flannel

avlopp

drain

crème

creme

deodorant

deodorant

spegel

mirror

handspegel

hand mirror

rakhyvel

razor

raklödder

shaving foam

rakvatten

aftershave

kam

comb

borste

brush

hårtork

hair-dryer

hårspray

hairspray

smink

makeup

läppstift

lipstick

nagellack

nail varnish

bomullsvadd

cotton wool

nagelsax

nail scissors

parfym

perfume

necessär

washbag

pall

stool

våg

weighing scales

badrock

bathrobe

gummihandskar

rubber gloves

tampong

tampon

binda

sanitary towel

kemisk toalett

chemical toilet

barnrum

kids room

väckarklocka
alarm clock
gosedjur
cuddly toy
leksaksbil
toy car
skallra
rattle
dockhus
doll's house
present
present

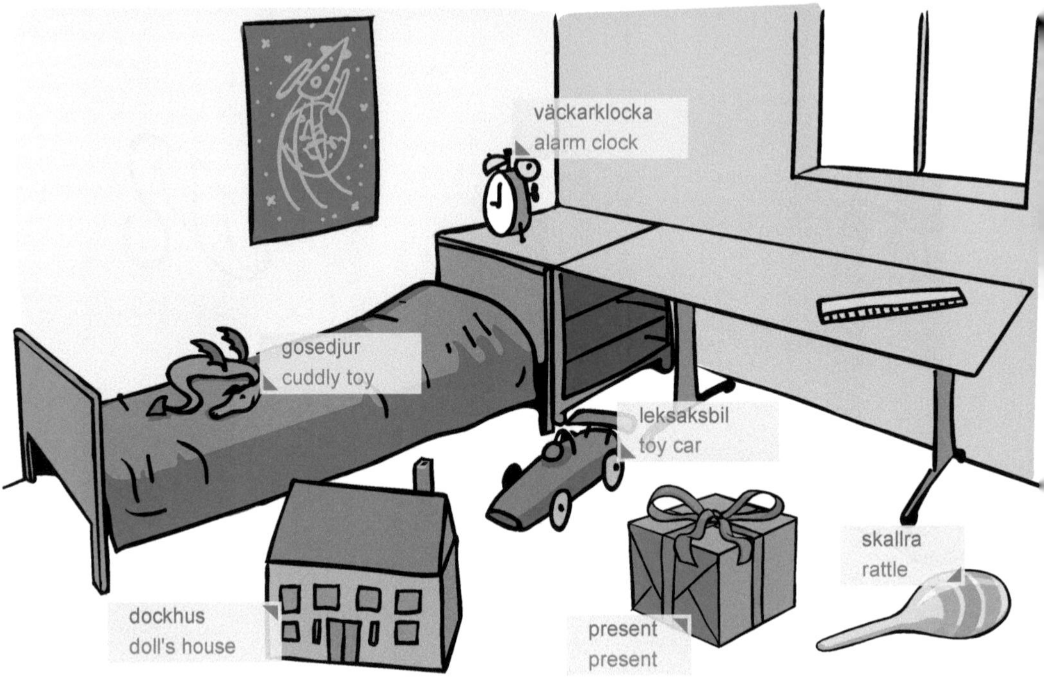

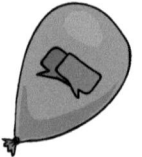

ballong

balloon

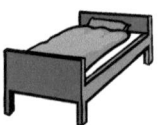

säng

bed

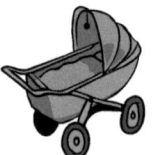

barnvagn

stroller

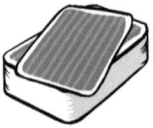

kortlek

deck of cards

pussel

jigsaw

SUPER
MEGA

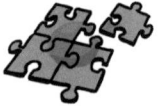

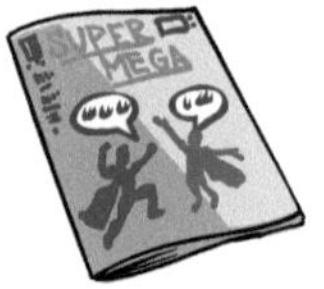

serietidning

comic

legobitar

lego bricks

klossar

toy blocks

actionfigur

action figure

sparkdräkt

romper suit

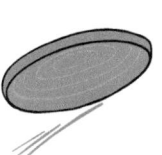

frisbee

frisbee

mobil

mobile

brädspel

board game

tärning

dice

modelljärnväg

model train set

napp

pacifier

party

party

bilderbok

picture book

boll

ball

docka

doll

spela

play

sandlåda

sandpit

gunga

swing

leksaker

toys

spelkonsol

video game console

trehjuling

tricycle

nalle

teddy bear

garderob

wardrobe

kläder

clothing

sockar

socks

strumpor

stockings

tights

tights

halsduk
scarf

paraply
umbrella

t-shirt
t-shirt

bälte
belt

stövlar
boots

tofflor
slippers

sneakers
sneakers

sandaler	skor	gummistövlar
sandals	shoes	rubber boots

underbyxor	BH	linne
underwear	bra	undershirt

kläder - clothing

45

body
body

byxor
pants

jeans
jeans

kjol
skirt

blus
blouse

skjorta
shirt

pullover
pullover

sweater
sweater

blazer
blazer

jacka
jacket

kappa
coat

regnjacka
raincoat

dräkt
costume

klänning
dress

bröllopsklänning
wedding dress

kostym

suit

nattlinne

nightgown

pyjamas

pajamas

sari

sari

slöja

headscarf

turban

turban

burka

burka

kaftan

kaftan

abaya

abaya

baddräkt

swimsuit

badbyxor

trunks

shorts

shorts

träningsoverall

tracksuit

förkläde

apron

handskar

gloves

knapp

button

glasögon

glasses

armband

bracelet

halsband

necklace

ring

ring

örhänge

earring

mössa

cap

galge

coat hanger

hatt

hat

slips

tie

dragkedja

zip

hjälm

helmet

hängslen

braces

skoluniform

school uniform

uniform

uniform

kläder - clothing

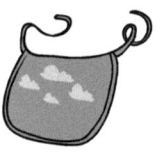

haklapp

bib

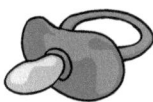

napp

pacifier

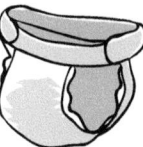

blöja

diaper

kontor
office

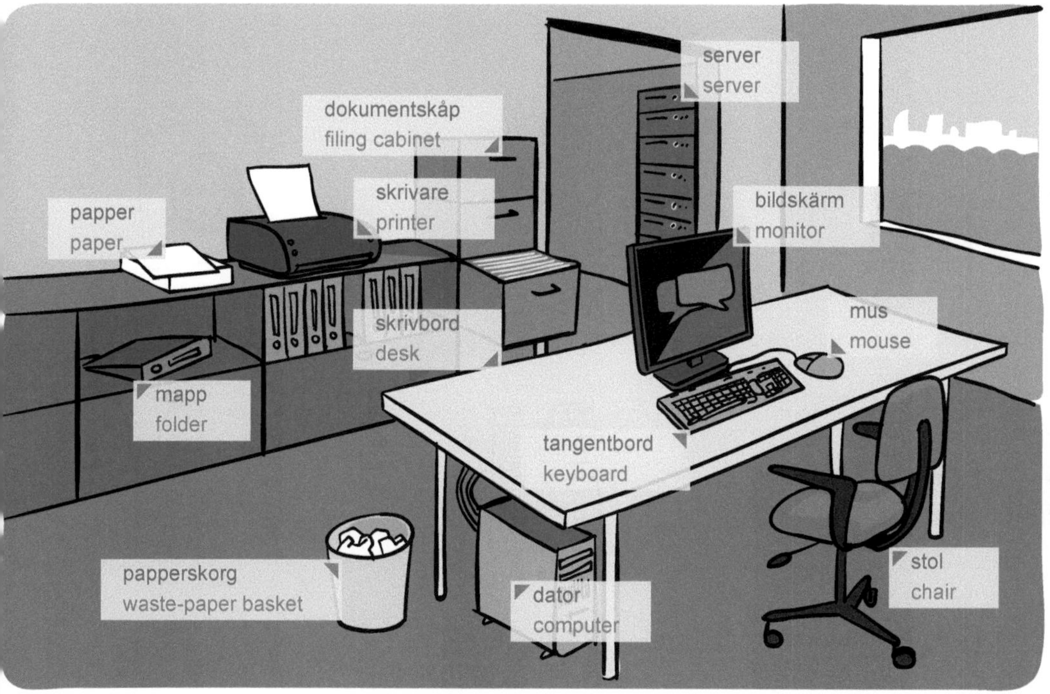
server
server
dokumentskåp
filing cabinet
skrivare
printer
papper
paper
bildskärm
monitor
skrivbord
desk
mus
mouse
mapp
folder
tangentbord
keyboard
papperskorg
waste-paper basket
dator
computer
stol
chair

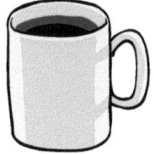

kaffemugg

coffee mug

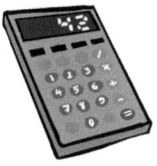

miniräknare

calculator

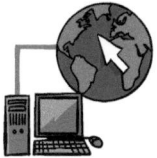

internet

internet

bärbar dator

laptop

brev

letter

meddelande

message

mobiltelefon

cell phone

nätverk

network

kopieringsapparat

photocopier

programvara

software

telefon

telephone

vägguttag

plug socket

fax

fax machine

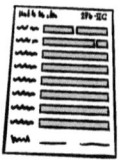

blankett

form

dokument

document

köpa

buy

betala

pay

handla

trade

pengar

money

dollar

dollar

euro

euro

yen

yen

rubel

rouble

schweizisk franc

Swiss franc

renminbi yan

renminbi yuan

rupie

rupee

bankomat

cash point

växelkontor

currency exchange office

guld

gold

silver

silver

olja

oil

energi

energy

pris

price

kontrakt

contract

skatt

tax

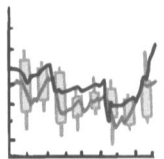

aktie

stock

arbeta

work

anställd

employee

arbetsgivare

employer

fabrik

factory

affär

shop

yrken
occupations

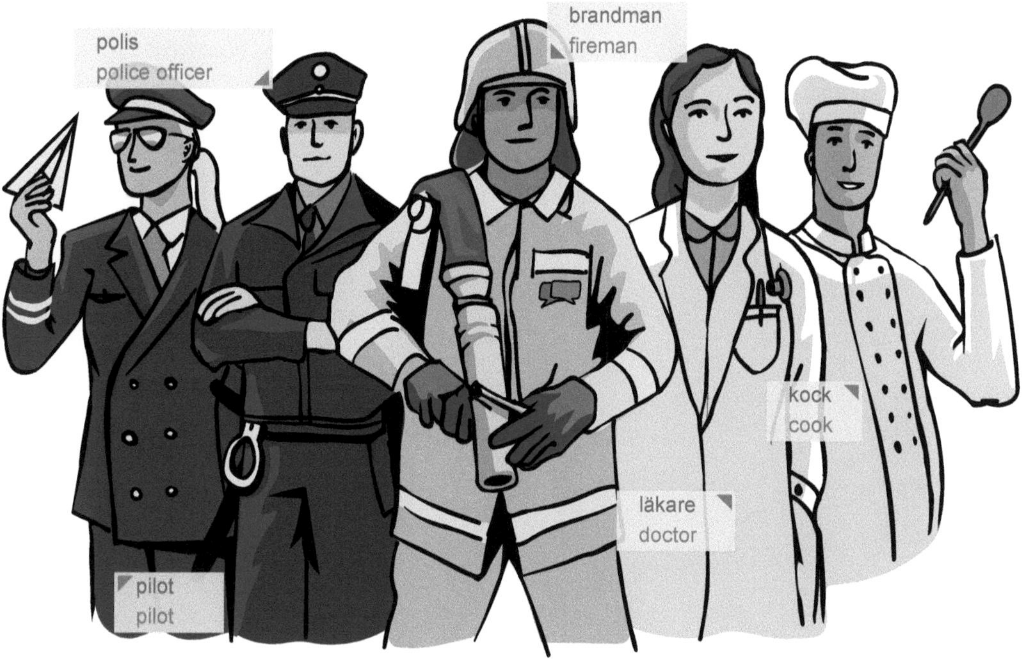
polis
police officer
brandman
fireman
kock
cook
läkare
doctor
pilot
pilot

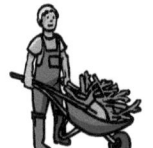

trädgårdsmästare

gardener

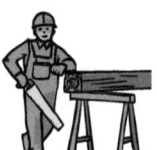

snickare

carpenter

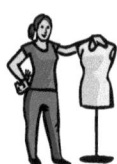

sömmerska

seamstress

domare

judge

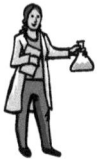

kemist

chemist

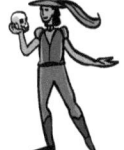

skådespelare

actor

busschaufför

bus driver

taxichaufför

taxi driver

fiskare

fisherman

städerska

cleaning lady

takläggare

roofer

servitör

waiter

jägare

hunter

målare

painter

bagare

baker

elektriker

electrician

byggarbetare

builder

ingenjör

engineer

slaktare

butcher

rörmokare

plumber

brevbärare

postman

soldat
soldier

arkitekt
architect

kassör
cashier

florist
florist

frisör
hairdresser

konduktör
conductor

mekaniker
mechanic

kapten
captain

tandläkare
dentist

vetenskapsman
scientist

rabbin
rabbi

imam
imam

munk
monk

präst
pastor

verktyg
tools

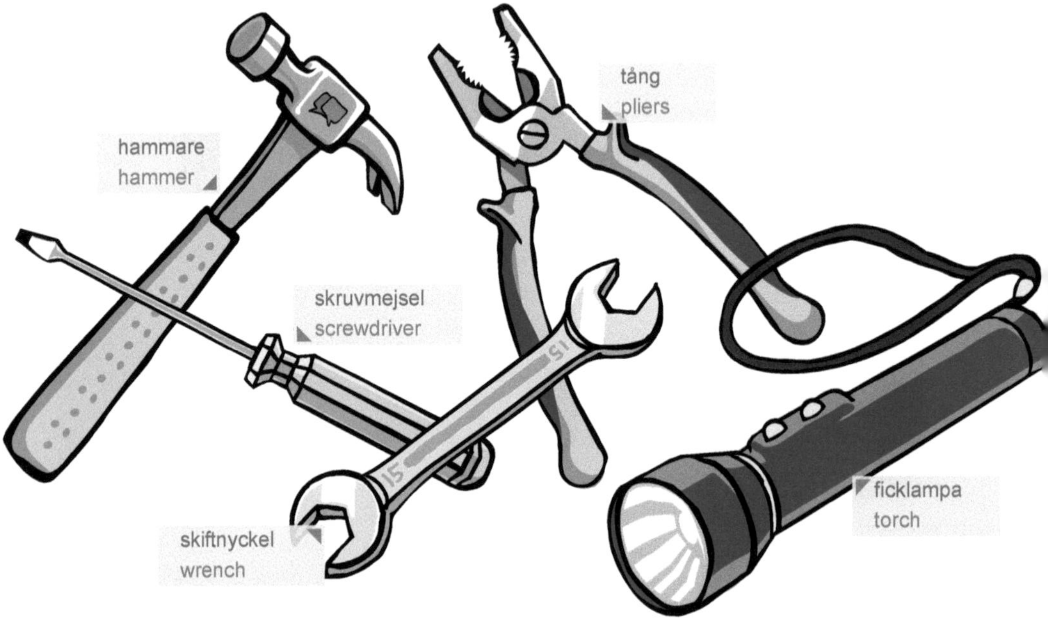
hammare
hammer
tång
pliers
skruvmejsel
screwdriver
skiftnyckel
wrench
ficklampa
torch

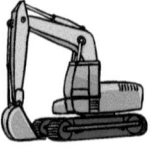

grävmaskin

excavator

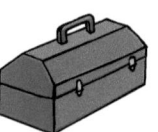

verktygslåda

toolbox

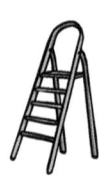

stege

ladder

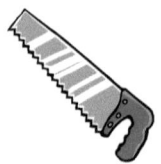

såg

saw

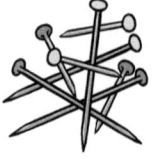

spik

nails

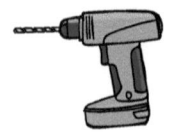

borr

drill

reparera
repair

spade
shovel

Helvete!
Damn!

sopskyffel
dustpan

färgburk
paint can

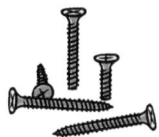

skruvar
screws

musikinstrument
musical instruments

högtalare
loud speaker

trummor
drum set

kontrabas
double bass

trumpet
trumpet

gitarr
guitar

piano

piano

violin

violin

bas

bass

timpani

timpani

trumma

drums

keyboard

keyboard

saxofon

saxophone

flöjt

flute

mikrofon

microphone

musikinstrument - musical instruments

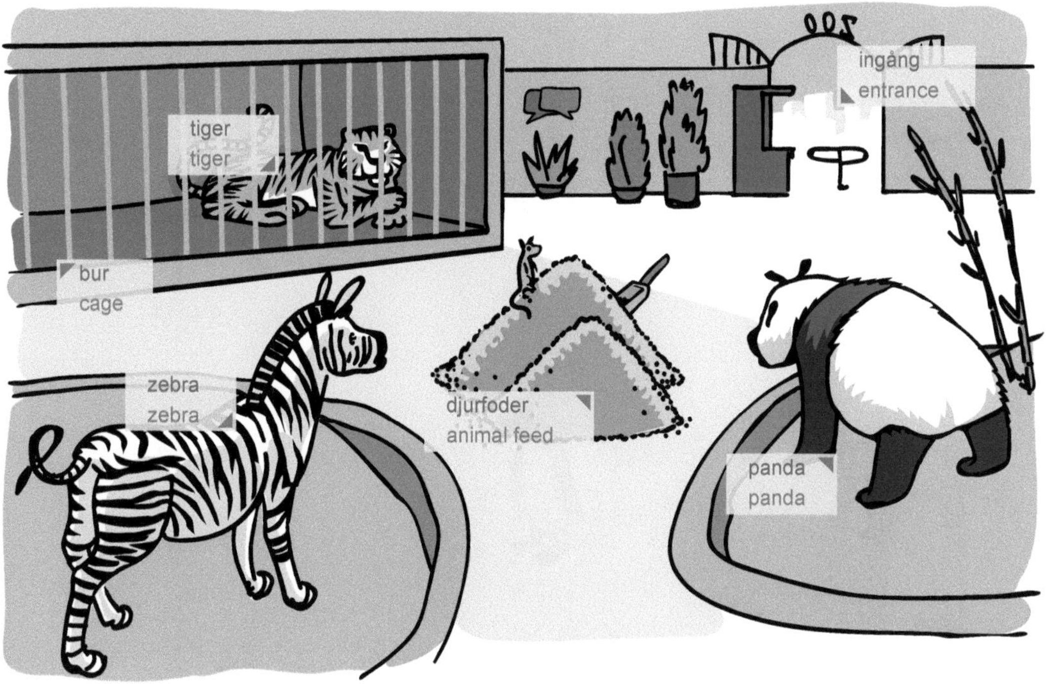

tiger
tiger

ingång
entrance

bur
cage

zebra
zebra

djurfoder
animal feed

panda
panda

djur

animals

elefant

elephant

känguru

kangaroo

noshörning

rhino

gorilla

gorilla

björn

bear

kamel

camel

struts

ostrich

lejon

lion

apa

monkey

flamingo

flamingo

papegoja

parrot

isbjörn

polar bear

pingvin

penguin

haj

shark

påfågel

peacock

orm

snake

krokodil

crocodile

djurskötare

zookeeper

säl

seal

jaguar

jaguar

zoo - zoo

ponny

pony

leopard

leopard

flodhäst

hippo

giraff

giraffe

örn

eagle

vildsvin

boar

fisk

fish

sköldpadda

turtle

valross

walrus

räv

fox

gazell

gazelle

amerikansk fotboll
American football

cykling
cycling

tennis
tennis

basket
basketball

simning
swimming

boxning
boxing

ishockey
ice hockey

fotboll
soccer

badminton
badminton

friidrott
athletics

handboll
handball

skidåkning
skiing

polo
polo

skriva	rita	visa
write	draw	show

skjuta	ge	ta
push	give	take

hagel

have

göra

do

vara

be

stå

stand

springa

run

dra

pull

kasta

throw

falla

fall

ligga

lie

vänta

wait

bära

carry

sitta

sit

klä på

get dressed

sova

sleep

vakna

wake up

se på

look at

gråta

cry

smeka

stroke

kamma

comb

prata

talk

förstå

understand

fråga

ask

höra

listen

dricka

drink

äta

eat

städa

tidy up

älska

love

laga mat

cook

köra

drive

flyga

fly

segla

sail

räkna

calculate

läsa

read

lära sig

learn

arbeta

work

gifta sig

marry

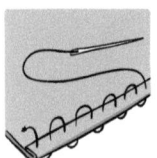

sy

sew

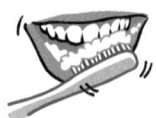

borsta tänderna

brush teeth

döda

kill

röka

smoke

skicka

send

mormor/farmor
grandmother

morfar/farfar
grandfather

pappa
father

mamma
mother

baby
baby

dotter
daughter

son
son

gäst

guest

moster/faster

aunt

farbror/morbror

uncle

bror

brother

syster

sister

kropp
body

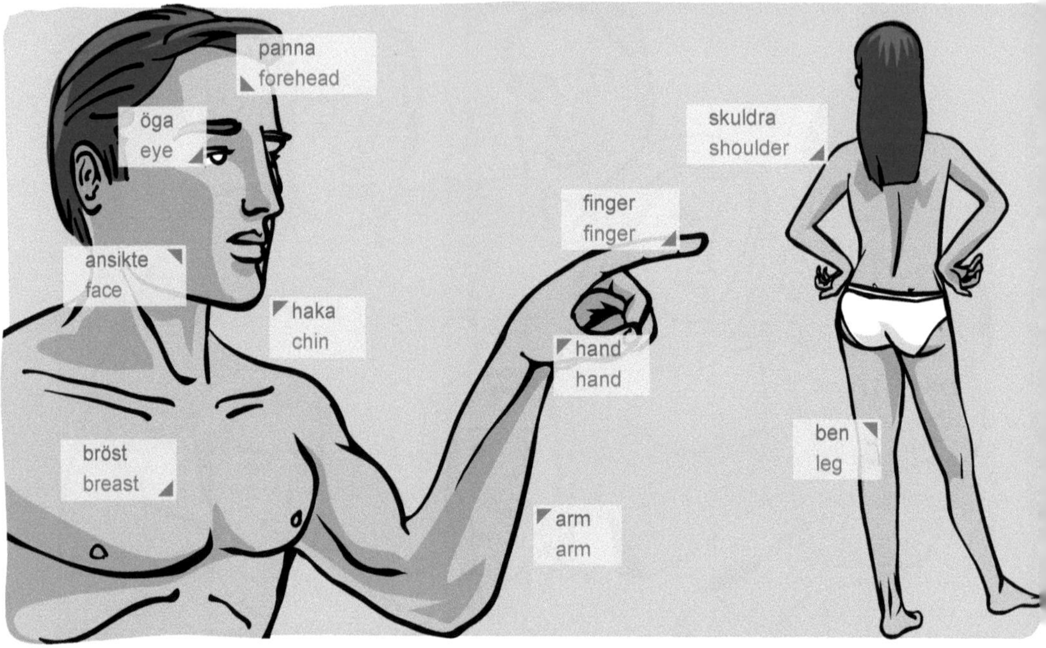

panna
forehead

öga
eye

skuldra
shoulder

finger
finger

ansikte
face

haka
chin

hand
hand

bröst
breast

ben
leg

arm
arm

baby

baby

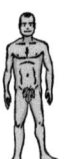

man

man

kvinna

woman

flicka

girl

pojke

boy

huvud

head

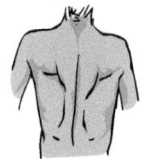

rygg

back

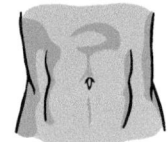

mage

belly

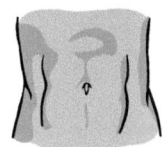

navel

navel

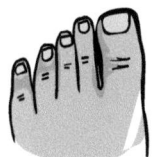

tå

toe

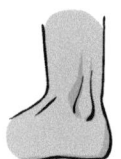

häl

heel

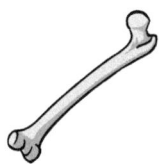

ben

bone

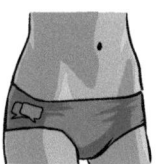

höft

hip

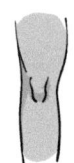

knä

knee

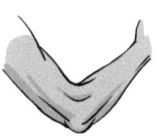

armbåge

elbow

näsa

nose

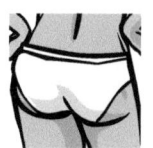

stjärt

buttocks

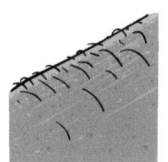

hud

skin

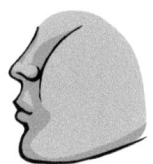

kind

cheek

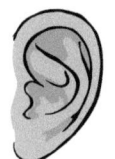

öra

ear

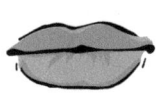

läpp

lip

kropp - body

mun

mouth

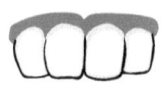

tand

tooth

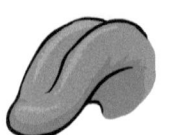

tunga

tongue

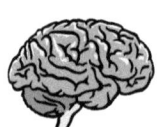

hjärna

brain

hjärta

heart

muskel

muscle

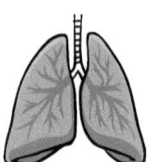

lunga

lung

lever

liver

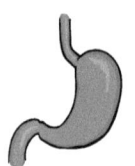

magsäck

stomach

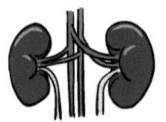

njurar

kidneys

sex

sex

kondom

condom

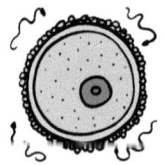

äggcell

ovum

sperma

semen

graviditet

pregnancy

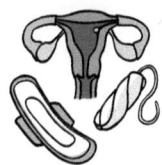

menstruation

menstruation

vagina

vagina

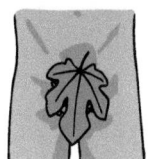

penis

penis

ögonbryn

eyebrow

hår

hair

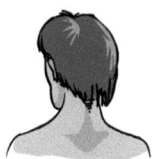

nacke

neck

sjukhus
hospital

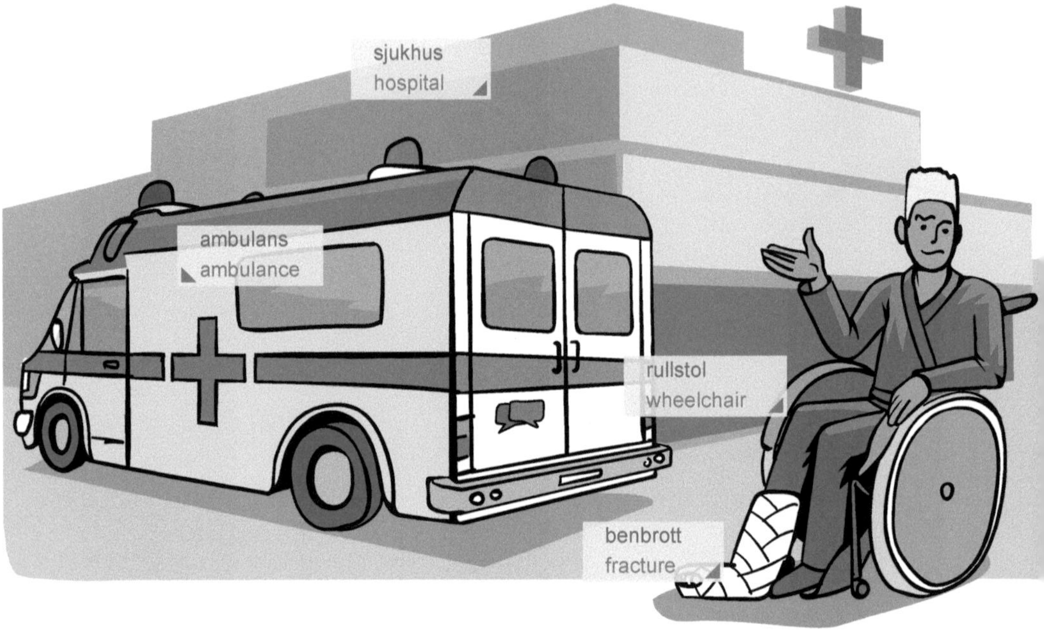

sjukhus
hospital
ambulans
ambulance
rullstol
wheelchair
benbrott
fracture

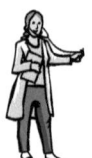

läkare

doctor

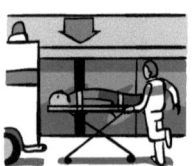

akutmottagning

emergency room

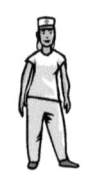

sjuksköterska

nurse

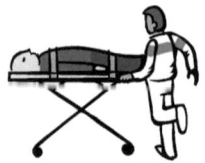

nödsituation

emergency

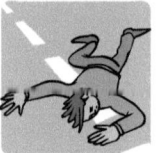

medvetslös

unconscious

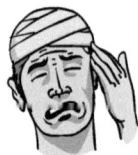

smärta

pain

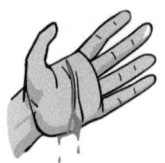

skada

injury

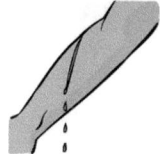

blödning

bleeding

hjärtattack

heart attack

slaganfall

stroke

allergi

allergy

hosta

cough

feber

fever

influensa

flu

diarré

diarrhea

huvudvärk

headache

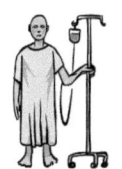

cancer

cancer

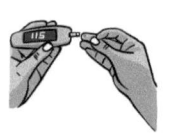

diabetes

diabetes

kirurg

surgeon

skalpell

scalpel

operation

operation

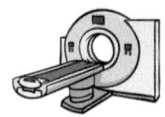

CT

CT

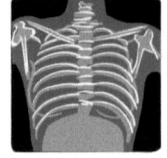

röntgen

x-ray

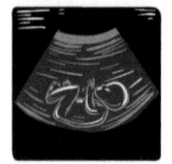

ultraljud

ultrasound

ansiktsmask

face mask

sjukdom

disease

väntsal

waiting room

krycka

crutch

plåster

plaster

bandage

bandage

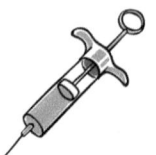

injektion

injection

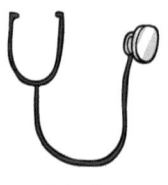

stetoskop

stethoscope

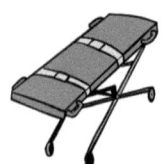

bår

stretcher

termometer

clinical thermometer

födsel

birth

övervikt

overweight

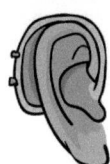

hörapparat

hearing aid

desinfektionsmedel

disinfectant

infektion

infection

virus

virus

HIV / AIDS

HIV / AIDS

medicin

medicine

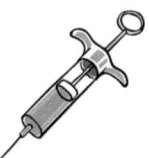

vaccination

vaccination

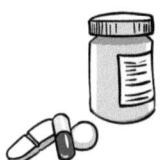

tabletter

tablets

p-piller

pill

nödsamtal

emergency call

blodtrycksmätare

blood pressure monitor

sjuk / frisk

ill / healthy

Hjälp!

Help!

alarm

alarm

överfall

assault

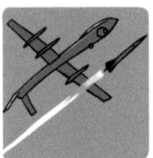

misshandel

attack

fara

danger

nödutgång

emergency exit

Det brinner!

Fire!

brandsläckare

fire extinguisher

olycka

accident

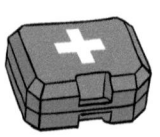

förbandslåda

first-aid kit

SOS

SOS

polis

police

Europa

Europe

Nordamerika

North America

Sydamerika

South America

Afrika

Africa

Asien

Asia

Australien

Australia

Atlanten

Atlantic

Stilla Havet

Pacific

Indiska Oceanen

Indian Ocean

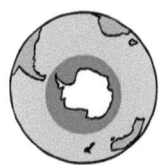

Antarktiska Oceanen

Antarctic Ocean

Arktiska Oceanen

Arctic Ocean

Nordpol

North pole

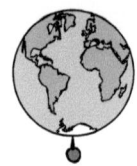

Sydpol

South pole

Antarktis

Antarctica

Jorden

earth

land

land

hav

sea

ö

island

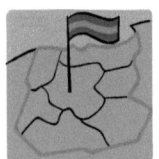

nation

nation

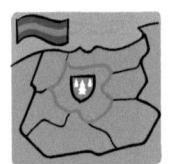

stat

state

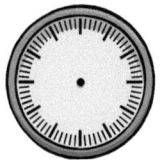

urtavla

clock face

timvisare

hour hand

minutvisare

minute hand

sekundvisare

second hand

Vad är klockan?

What time is it?

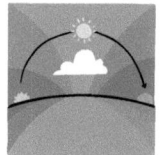

dag

day

tid

time

nu

now

digital klocka

digital watch

minut

minute

timme

hour

vecka

week

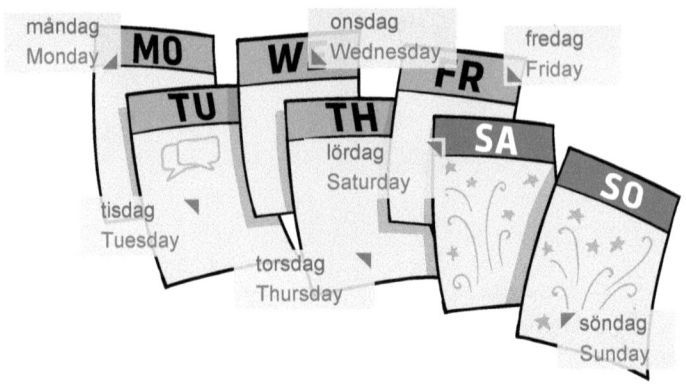

måndag — Monday **MO**
W onsdag — Wednesday
fredag — Friday **FR**
TU
TH
lördag — Saturday **SA**
SO
tisdag — Tuesday
torsdag — Thursday
söndag — Sunday

igår

yesterday

idag

today

imorgon

tomorrow

morgon

morning

middag

noon

kväll

evening

vardagar

workdays

helg

weekend

år

year

regn
rain
regnbåge
rainbow
vind
wind
snö
snow
vår
spring
höst
fall
sommar
summer
vinter
winter

4.APRIL 11°
5.APRIL 4°
6.APRIL 13°
7.APRIL 8°
8.APRIL 10°

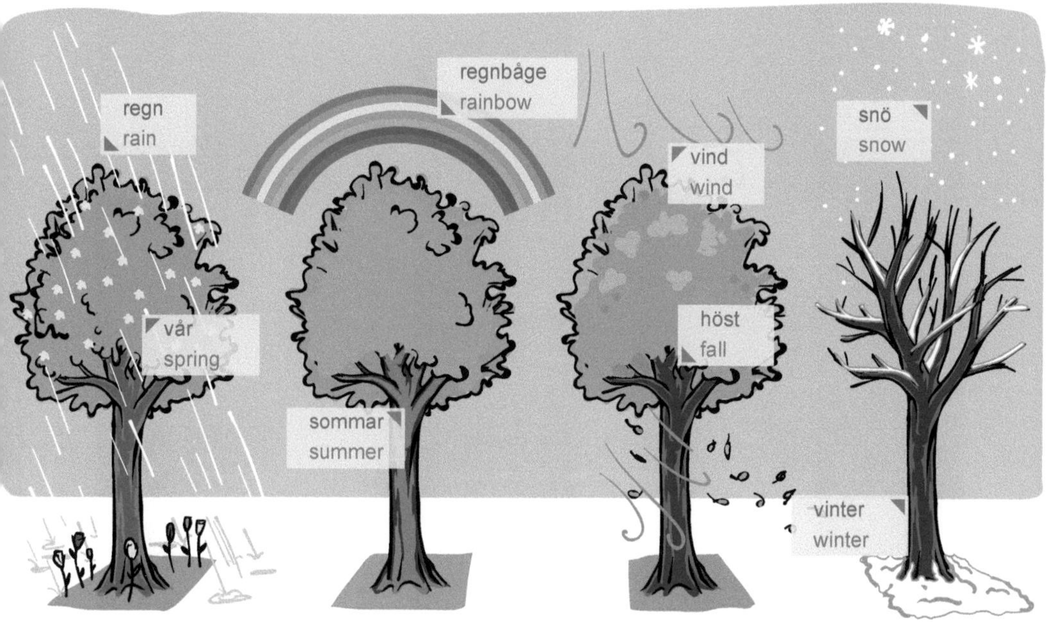

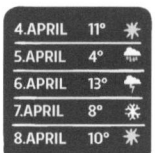

väderprognos

weather forecast

F C
120 40
90 30
60 20
30 10
0 0
-30 -10
-20

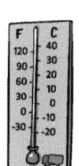

termometer

thermometer

solsken

sunshine

moln

cloud

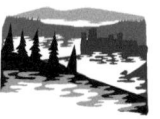

dimma

fog

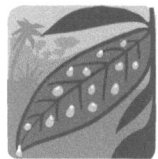

luftfuktighet

humidity

blixt

lightning

åska

thunder

storm

storm

hagel

hail

monsun

monsoon

översvämning

flood

is

ice

januari

January

februari

February

mars

March

april

April

maj

May

juni

June

juli

July

augusti

August

år - year

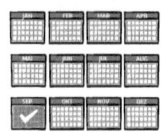

september
....
September

oktober
....
October

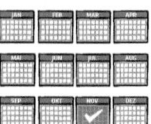

november
....
November

december
....
December

former
shapes

cirkel
....
circle

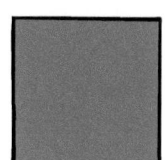

kvadrat
....
square

rektangel
....
rectangle

triangel
....
triangle

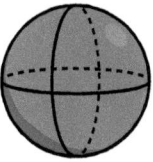

sfär
....
sphere

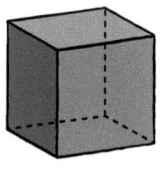

kub
....
cube

vit

white

gul

yellow

orange

orange

rosa

pink

röd

red

lila

purple

blå

blue

grön

green

brun

brown

grå

gray

svart

black

mycket / lite

a lot / a little

arg / lugn

angry / calm

vacker / ful

beautiful / ugly

början / slut

beginning / end

stor / liten

big / small

ljus / mörk

bright / dark

bror / syster

brother / sister

ren / smutsig

clean / dirty

komplett / ofullständig

complete / incomplete

dag / natt

day / night

död / levande

dead / alive

bred / smal

wide / narrow

ätlig / oätlig

edible / inedible

ond / god

evil / kind

upphetsad / uttråkad

excited / bored

tjock / smal

fat / thin

först / sist

first / last

vän / fiende

friend / enemy

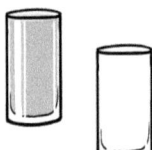

full / tom

full / empty

hård / mjuk

hard / soft

tung / lätt

heavy / light

hunger / törst

hunger / thirst

sjuk / frisk

ill / healthy

olaglig / laglig

illegal / legal

intelligent / dum

intelligent / stupid

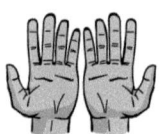

vänster / höger

left / right

nära / långt bort

near / far

ny / begagnad

new / used

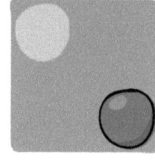

inget / något

nothing / something

gammal / ung

old / young

på / av

on / off

öppen / stängd

open / closed

tyst / högljudd

quiet / loud

rik / fattig

rich / poor

rätt / fel

right / wrong

grov / slät

rough / smooth

ledsen / glad

sad / happy

kort / lång

short / long

långsam / snabb

slow / fast

våt / torr

wet / dry

varm / sval

warm / cool

krig / fred

war / peace

numbers

0	**1**	**2**
noll	ett	två
zero	one	two
3	**4**	**5**
tre	fyra	fem
three	four	five
6	**7**	**8**
sex	sju	åtta
six	seven	eight
9	**10**	**11**
nio	tio	elva
nine	ten	eleven

12	**13**	**14**
tolv	tretton	fjorton
twelve	thirteen	fourteen
15	**16**	**17**
femton	sexton	sjutton
fifteen	sixteen	seventeen
18	**19**	**20**
arton	nitton	tjugo
eighteen	nineteen	twenty
100	**1.000**	**1.000.000**
hundra	tusen	miljon
hundred	thousand	million

engelska

English

amerikansk engelska

American English

kinesisk mandarin

Chinese Mandarin

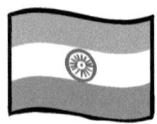

hindi

Hindi

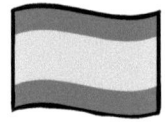

spanska

Spanish

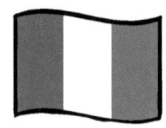

franska

French

arabiska

Arabic

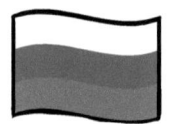

ryska

Russian

portugisiska

Portuguese

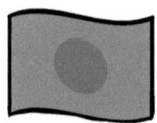

bengali

Bengali

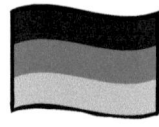

tyska

German

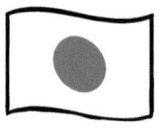

japanska

Japanese

jag

I

du

you

han / hon / den (det)

he / she / it

vi

we

ni

you

de

they

vem?

who?

vad?

what?

hur?

how?

var?

where?

när?

when?

namn

name

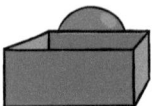

bakom

behind

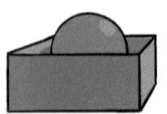

i

in

framför

in front of

över

over

på

on

under

under

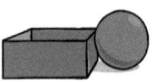

bredvid

beside

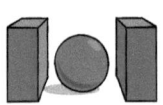

mellan

between

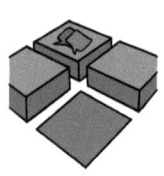

plats

place